U0142602

責任

Teacher's guide 教師手冊

Center for Civic Education 原著

財團法人民間公民與法治教育基金會　策劃出版

Learning About Responsibility

English Edition Copyright ©1999. Center for Civic Education, Calabasas, CA, USA. All rights reserved. No part of this book may be reproduced or transmitted in any from or by any means, electronic or mechanical,or by any information storge and retrieval system, without permission in writing from the Center for for Civic Education
Address:5145 Douglas Fir Road Calabasas, CA 91302
Tel:(818)5919321 Fax:(818)5919330

國家圖書館出版品預行編目資料

責任：教師手冊 / Center for Civic Education原
著；戴玲慧譯. -- 初版. -- 臺北市：民間公民與
法治教育基金會, 五南, 2013.03
　　面；　　公分
譯自：Learning About Responsibility Teacher's
　　　guide
ISBN　978-986-88103-7-2（平裝）

1. 公民教育　2. 民主教育　3. 責任

528.3　　　　　　　　　　102003456

民主基礎系列《教師手冊》——責任

原著書名：Learning About Responsibility Teacher's guide
著 作 人：Center for Civic Education（http://www.civiced.org/）
譯　　者：戴玲慧
策　　劃：林佳範
本書總編輯：李岳霖、劉金玫
董 事 長：張廼良
出 版 者：財團法人民間公民與法治教育基金會
編輯委員：陳秩儀、李翠蘭、朱惠美、許珍珍
責任編輯：許珍珍
地　　址：104台北市松江路100巷4號5樓
電　　話：（02）2521-4258
傳　　真：（02）2521-4245
網　　址：www.lre.org.tw

合作出版：五南圖書出版股份有限公司
發 行 人：楊榮川
地　　址：106台北市大安區和平東路二段339號4樓
電　　話：（02）2705-5066（代表號）
傳　　真：（02）2706-6100
劃　　撥：0106895-3

版　　刷：2013年3月初版一刷
定　　價：100元

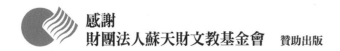
感謝
財團法人蘇天財文教基金會　贊助出版

前言

⓪ 有效的公民教育課程的特徵

有效的公民教育方案，因為至少四項特徵，而顯得與眾不同：

■ **學生彼此間，有大量互動。**強調學生間互動和合作學習的教學策略，對於培養公民參與技巧和負責任的公民至為關鍵。這類教學策略的例子，包括小組合作、模仿、角色扮演和模擬法庭等活動。

■ **內容需具現實性，且能平衡地處理議題。**現實地與公平地處理議題，是有效的公民教育的必要元素；針對爭議的各個層面，進行批判性的思考，亦同樣不可或缺。假如上課時，我國的法律和政治體系被描述得彷彿完美無缺，學生會懷疑，教師說話的可信度，和課本內容的實際性。相反的，如果課文只列出這兩個體系失敗的例子，則會導致學生不大相信這兩個體系可用於維持社會的秩序和公平。該尊重法律和政治體系？還是針對特定案例中體系的適用情況提出建設性的批評？兩者間應該取得平衡。

■ **運用社區資源人士，參與課程進行。**讓學生有機會和實際工作於法律和政治體系內的各種成人角色典範，進行互動，能使上課的效果更好更真實；有關培養學生，對於法律和政治體系的正面態度，亦有很大的影響力。在課堂之中善用專業人士的參與（如：律師、法官、警察、立法者等等），能有效提升學生對公共議題的興趣，使得學生對教師和學校的課程有正面的回應。

■ **校長和其他學校行政主管，對公民教育堅決的支持。**要在校內成功推行公民教育，必須得到學校主管的強烈支持，尤其是學校的校長。學校主管採支持的態度，有助於公民教育的實施，他們可以安排活動，讓同儕之間能夠相互激勵、獎勵有傑出表現的教師，協助教師對校外人士說明教育計畫的內容，和制訂這些計畫的根據，以及提供相關人員在職訓練的機會，以取得實踐公民教育計畫，所需的知識和技能。此外，要成功施行公民教育，教師們對此持正面態度是非常重要的。

成功的公民教育方案會引導學生積極參與學習過程，以高度尊重學生作為一個獨立個體的方式來進行。反思、省思和論述會被重視，且有計畫地達成。知識和人格的培養是同時並進的，而在我國的憲政民主體制內，此二者對於培育出負責任的公民同樣重要。我們在規劃時，即致力於將上述重要特點，納入民主基礎系列課程中。

前言

課程理念

規劃這個民主基礎系列課程,是基於一項根本假設,亦即教育能讓人更能也更有意願表現出知書達禮、認真負責的行為。因此,教育機構必須扮演協助學生的角色,讓他們更懂得為自己做出明智的選擇,學習如何思考,而非該思考些什麼。在自由的社會中,灌輸式的教育方式並不適合教育機構採用。

成立組織來推動公民教育,是基於一種信念,亦即以上述觀念為基礎的課程所提供的學習經驗,有助於幫助學生,使他們願意理性而全心地投身落實各項原則、程序和價值觀,而這些正是維繫及提升自由社會所必需。

課程目標

民主基礎系列課程的目標是:

■ 促進對於憲政民主制度及這些制度據以建立的基本原則和價值觀的了解
■ 幫助青少年培養成為有效能而能負責的公民所需的技能
■ 增加對於做決定和處理衝突時,能運用民主程序的認識與意願,不論其是在公或私的生活中

藉由研讀民主基礎系列課程,學生能發展出辨識,與需要採取社會行動問題的能力。他們會被鼓勵透過具知識性的問題探究,而能接受隨著享受公民權利而來的責任;一個建基於正義、公平、自由和人權理想的社會,是否得以存續,這些責任即是關鍵所在。

課程架構

「民主基礎系列」課程不同於傳統式教材,焦點並非放在事實、日期、人物和事件。相反地,它是放在了解憲政民主制度極為重要的觀念、價值和原則。這套課程,以四個概念為中心:權威、隱私、責任及正義。這些概念構成了公民價值和思想的共

同核心的一部分，是民主公民資質理論與實踐的基礎。這些概念並不連續或彼此互不相連，且有時會相互牴觸。這些概念可以有許多不同的解釋，就像所有真正重要的觀念一樣。

教師可以在課堂上，講授民主基礎系列課程全部的內容，也可以選擇與學校或地區一般課程目標和學習成果有關的相關課程來傳授。教導這些概念，毋須按照任何特定順序，然而，假如你選定其中的某一課來教授，頂多只能完成該課之目標，而無法達到整個單元或概念的目標。以下簡述「權威」、「隱私」、「責任」、「正義」四個概念。

權威

學生要學習權力和權威的關係，透過研究各種缺乏權威或濫用權威的狀況，對權威這個觀念有通盤的了解，並能明智又有效率的檢視各種用來處理這些狀況的方法。

學生需要知識和技巧才能對與權威職位相關問題做出正確合宜的決定，也需要知識和技巧去處理關於評估或制定法律和規則的狀況。

學生會透過每一項練習活動，學到權威對個人或社會全體都有利益或不利益之處。大家必須知道權威的利益和代價，才能明智的決定權威應有的範圍和限制。

學生也要練習為某個特定的權威職位設定權力範圍和限制，知道運用權威是為了提升效率，但卻不能有壓迫性。

隱私

學生要學習為隱私下定義，了解隱私的重要性，並在不同的狀況下辨識並說明常見的隱私事項。他們會學到造成不同的個人隱私行為的各種原因或要素。

學生會了解每一次我們維持隱私的時候一定會產生一些結果，有些結果對我們有益處，有些則是我們必須付出的代價。學生也會學到在特定的情況中是否應該保護隱

私，每個人的看法可能都不同。

學生還會學到身為公民，在面對隱私的範圍和限制的問題時，必須考量的重要議題。

 責任

學生會學到對個人和社會負責任的重要性，檢視責任的來源以及負責任或不負責任可能產生的結果。

一旦有人承擔責任，就會產生結果，有些結果是益處，有些結果則必須付出代價。學生會學到分辨結果的利益和代價很重要，才能決定哪一項責任更為重要，必須優先承擔。

學生還要學習在面對無法同時兼顧的責任、價值和利益時，如何能明智的決定要選擇承擔哪一項責任，或是在特定狀況中要追求哪一項價值或利益。

學生也會學習在特定的時間內或狀況中，評估誰該負責任、誰該受到表揚或責備，並採取立場。

 正義

學生要學習正義可以分成三大類：分配正義、匡正正義和程序正義。並練習用這三類項目來辨認正義的議題。

學生要了解在一群人或團體裡公平的分配利益或負擔的重要性，其中利益可能包括工作的報酬、發言或投票的權利；負擔則可能包括一些義務，像做家事或做功課。

學生要認識匡正正義是公平或適當的回應錯誤或傷害並做決定。

學生還要學習認識程序正義的問題，了解用公平的方法來蒐集資訊和做決定的重

要性。

「民主基礎系列」課程的本質屬於觀念性的教學，因而必須回歸到學生的日常生活。這套課程最獨特的地方，是可以幫助學生對照自己的生活經驗與外在社會及政治生活的關係。

需要整合社會研究和語言藝術也是這項課程的設計目的之一。

故事本格式

故事本是四本繪本，教師在讀這些故事給幼兒或尚未能閱讀的兒童聽時，孩子們可以看書中的圖畫說明。故事書的大小正好適合孩子們在教師的指示下自然翻閱。

每一本故事書分成四個篇章，每一章強調主題觀念的一個部分，並要求用批判性的思考來解決問題。各部分需要討論的重點分別用符號標示在頁面的邊緣，提醒教師們在這些地方停下來，讓學生就故事中提出的問題或狀況進行討論。這些問題往往沒有一定的解答，教學策略是要讓學生提出自己的解決方案，不要受到故事內容的影響。同時也希望學生能將這些觀念回應到日常的生活經驗中，運用所學在新的狀況裡。

每本學習手冊都有四個部分討論和回顧故事本的內容，在這些章節中，教師必須對照使用故事本和學習手冊，學習手冊中會重複引用故事本中的對話和圖片，讓教師和學生都更方便參照。

學習手冊格式

「民主基礎系列」每一主題的學習手冊有六至七課，第一課是定義，其中做為教學設計的插圖能讓孩童對提到的情境更熟悉，刺激大家對重要觀念和相關議題有更多的討論。

有些課程是屬於全班參與的活動演練，由學生進行角色扮演來解決相關的問題，並練習評估、採取立場，進而為所持的立場辯護。

每一課開始都是「本課會學到的觀念」，簡短介紹在這一課要努力完成的內容大綱。

「本課詞彙」是一課中要討論的關鍵理念和相關名詞，名詞的定義則列在本手冊中。

「重要觀念」是為了協助了解課文提出來的狀況所需的觀念。

「解決問題」是要讓學生練習批判性的思考。學生分成小組運用所學的觀念，來分析和家庭、學校和社區相關的假設性問題。

「閱讀、回顧和討論」部分要回到故事本的內容，回顧故事的細節進行討論並處理問題。

「展示學習成果」屬於評估性的活動，讓學生有機會展現學到的技巧。大多數課程最後有「課後活動」，提供更多演練的機會。這些活動可以成為學生個人的工作或回家作業的專題，也提供教師更多評量學習成果的機會。

ⓘ 教師指導手冊格式

課程章節

教師手冊是要補充和延展學習手冊的內容，每一課開始都是「課程概述」，說明這一課的整體目標。接著是從行為的概念列出「課程目標」的各個項目，期待學生上完這一課後有能力做到的各個事項。這些教材可以逐步累積學生的觀念，所以並不要求學生精熟每個步驟。

課程目標的後面是「課前準備／所需教材」，這部分的內容會點明學習手冊和這部分相對應的頁碼，並建議在教學時需要先作哪些準備或哪些材料。接下來便是關於課程和這一課主題相關的更多資訊介紹、問題討論和學生作業的答案。

附錄

思考工具表格、主角人物圖案和面具的原稿樣張都在本手冊後面的附錄中。

以下是使用「民主基礎系列」教材學生學習手冊的教學建議：

運用思考工具分析問題

　　每個人或機關團體，都會遭遇難以分析或解決的問題，在民主基礎系列課程中，學生們也會遇到各種難題。這套課程在每個主題概念的不同單元中，都提供一套分析的架構，或說「思考工具」，協助學生得以用批判的角度來思考，以理性而負責的態度，面對重要的問題。「思考工具」是指一組一系列的問題，可用來檢視權威、隱私、責任和正義等概念的問題，帶領學生做出相關決定。

　　要了解為什麼在分析權威、隱私、責任和正義等主題時，需要各種思考工具，以及這些工具有什麼功用，只要看看思考工具在其他研究領域的應用情況，就能清楚明白：想像考古學家走遍千山萬水，尋找古代村莊遺跡，因為他們的腦中滿載知識和技能，包括事實、想法、假設和問題，以致於讓他們能夠注意並理解，未受訓練的外行人不會注意到或無法了解的事物。

　　對於同樣的遺址，外行人可能是無意識地踏過而已，而經過專業訓練的考古學家則會因為擁有專業知識，而能馬上分辨出當地是否曾經有人類居住過的痕跡，或是在歷史上有什麼重大的影響。然後考古學家會利用他們的知識和思考工具，有系統地蒐集和處理資訊，以得到對過去更深的了解。

　　在其他領域中受過訓練，而懂得運用思考工具的人們也是如此。不管在哪個領域，要能理解某些事物、達成某些目標或做出明智判斷、決定該如何行動，受過訓練的人總是比未受訓練的人占優勢。無論是技術純熟的木匠、電視製作人、政治學者、法官或太空人，都是如此。

　　而且這套課程的思考工具，並不是一成不變，每套問題組，會依照要處理的概念問題，種類不同，而各有差異。比方說，我們不會用處理權威問題的分析策略，來探討正義的問題。

前言

透過主動學習策略的運用，這套課程的思考工具能發揮更大的作用，學生們更能藉此發展出必須的個人和團體互動技巧，在民主社會中有良好的社會和政治參與。訓練學生應用思考工具，是「民主基礎系列」課程的獨到之處，學生們一旦學會使用思考工具，將一生受用無窮，以後在面臨抉擇時就能一再加以運用。

進行班級討論

「民主基礎系列」——權威、隱私、責任和正義這四個概念自古至今不斷受到爭議、討論、評估和再評估；而有效的公民教育包括呈現和討論具爭議性的題材，這正是學生和教師都會對這套課程感興趣的原因。經由討論的過程，學生們能學到知識和決策技巧，並獲得處理紛爭的經驗和致力於當個好公民的決心。

為了確保授課教師和學生們都能因這個課程的學習經驗而得到啟發、獲得益處，在針對具爭議性的議題，和當代社會常發生的事件進行班級討論時能夠順利，授課教師可以參考下列建議：

強調爭議、妥協和共識是正常的，這些是民主社會的必備條件。

■ 嘗試以具體的方式說明爭議的核心。請學生們想想他們自身遇過的類似問題和困境。
■ 描述過去的例子，讓學生了解過去類似的衝突是如何處理的。承認當時我們並沒有像今天一樣，堅持民主法治社會的理想和原則。探討各個時期對這些概念的詮釋和應用，能幫助學生們了解民主憲政體制的流動性，以及一個公民在協助整個社會能進一步達成國家目標上所扮演的角色。
■ 強調各種觀點的合理性，鼓勵學生們以公正的態度檢視及介紹相衝突的觀點。教師必須提出學生們可能忽略的相對意見。
■ 讓學生們將注意力集中在討論或處理觀念或立場上，而非個人的身上。提醒並強調在許多具爭議性的議題上，不同立場的人提出的意見可能差異甚大。鼓勵學生們在不同意多數意見時提出異議，即使他們是唯一持反對態度的人，亦應勇於表達自己的意見。
■ 協助學生們找出特定的贊同或反對的論點，然後找出可能的折衷方案，並認明不可能妥協的事情。對學生強調他們針對某個議題所達成的結論或決定，結論如何的重要性，遠比不上整個討論到做出決定的過程，在過程中，不僅能夠做出合理決定，同時也學習尊重他人意見，並以理性的態度說明最後結果。
■ 藉由評估所提出的論點，和探討其他各種建議的可能結果，來為活動或討論做總結。總結

若要發揮效果，還需要由教師和學生共同評估整個進行討論、準備小組活動或呈現班級活動的過程。

　　班級討論和意見分享是這些活動的關鍵；在活動開始進行前，授課教師可以訂些討論的基本規則，例如：

■ 在表達自己的想法之前，要準備好能說明清楚自己的想法與辯護。
■ 抱持有禮而尊敬的態度傾聽他人意見，教師可能會請你告訴大家除了你自己的意見之外，你最欣賞誰的看法。
■ 每個人都會有機會說話，但一次只能有一個人說話。
■ 爭辯的時候不要針對個人，而應將重點放在理由和想法上。
■ 無論何時你都可以改變自己的想法，只要準備好與大家分享你這麼做的原因。

運用有效的問答策略

　　問與答，是這套課程非常重要的一項特徵，有效運用問題是學習過程的關鍵，因此在課程設計時，需要詳細規劃。雖然有些問題，可用以釐清學生們究竟學到了多少知識，但是採用問答策略的主要目標，應該是幫助學生增強他們的能力，讓他們能做出明智且負責的決定。教師選擇的問答策略，必須要能引導學生們去分析情況，並將概念加以綜合和評估，使學生們在未來的生活中，都能運用在活動中所學到的技能。

　　大體而言，在規劃如何進行班級討論時，必須考量六種問題，以下簡單介紹這六種問題並加以舉例：

■ **知識方面的問題**
　　這類問題與回想特定事實或資訊有關。例如：正義的問題可分為哪三種？
■ **理解方面的問題**
　　這類問題是關於是否有能力了解各種概念的意義，請學生將概念換句話說或加以詮釋，即可知道答案。例如：畫圖說明有人盡到了某個責任，並說明這項責任的來源。
■ **應用方面的問題**
　　這類問題是關於是否有能力，在遭遇新狀況時運用所學。例如：以自身經驗為例，這些概念可以應用在哪些地方？未來可以如何運用這套步驟來解決紛爭？

前言

■ 分析方面的問題

這類問題關係到有沒有能力，將概念加以分析，包括找出其構成要素，並建立要素和要素間的關係。例如：在這種情況下，保有隱私會有什麼結果？哪些結果是帶來益處？哪些則會付出代價？

■ 綜合方面的問題

這類問題關係到有沒有能力，將所有要素統合成為新的整體，重點在於創造新的思維模式。例如：為什麼校長需要更多的權威呢？

■ 評估方面的問題

這類問題關係到能不能為了某個目的，去判斷各種事物的價值；這意味可能要在相衝突的責任間做抉擇，或判斷某法規是否符合好的規定的標準。例如：在決定誰要因為這個事件獲得獎勵時，這些步驟能有什麼幫助？

在設計問題時，要注意不要讓學生只會聽教師說話和回應教師，變成教師與個別學生的互動，而要讓學生之間也能有這樣的互動。只要藉由以下方式，鼓勵學生主動參與，就可以增進學生之間的橫向互動：

■ 提出問題後，請學生兩人一組討論問題的答案。
■ 要求學生說明他們的答案，這不但對他們自己有利，也能加惠其他人。
■ 要求學生提供額外的論據、資訊、觀點等，將自己或其他學生的答案加以延伸。
■ 請學生依照剛才課堂上過的內容，自己設計一些問題。
■ 在提出問題後暫停至少七秒，給學生思考的時間。
■ 假如學生的答案很短或很瑣碎，請他們針對答案提供進一步的說明。
■ 每個問題都要請至少兩位學生來回答。
■ 鼓勵學生對其他學生的答案有所回應。
■ 除了讓自願者回答問題，也要請不會主動舉手的人來回答。

鼓勵小組互動式學習

學習手冊中的批判性思考活動，都是以合作式的小組演練來進行，讓學生以小團體的方式來演練，每位學生都必須積極參與，才能成功的達成課程目標。教師應該鼓勵學生，不僅致力於學術表現，也要培養並運用適當的人際關係技巧。

教師在規劃和進行的分組演練時，會面臨許多重要的考量，其中之一就是團體的

成員人數，了解不同的探究主題需求，有助於決定在上這一課時，一組應有多少位學生最恰當。

威爾頓（David A. Welton）和馬倫（John T. Mallan）在他們所合著的《孩童和他們的世界：社會科的小學教學》（Children and Their World: Teaching Elementary Social Studies, Fourth Edition, Houghton-Mifflin, 1991）一書中，提到不同大小的團體會產生的一般性行為特徵：

■ **兩人一組**：資訊高度交流並能避免意見不一，是兩人一組的兩項特徵。然而，萬一兩人意見始終不一致，就會產生僵局，因為小組中沒有任何一方，可以獲得第三者的支持。
■ **三人一組**：三人一組的特徵是多數（兩個人）的勢力壓過只有一人的少數。不過，這種小組結構其實是最穩定的，只會偶爾有些兩人聯盟換人的情況。
■ **偶數小組**：小組的人數如果是偶數，在碰到小組內意見相左的兩方人數相同時，容易形成僵局。
■ **五人小組**：學習效果最令人滿意的似乎是五人小組，團體內流動很容易。如果分裂成兩人對三人的局面，即使是屬於少數的意見也有人支持。五人小組的規模，讓組員可以相互激勵，同時又有益於個別的參與。
■ **超過五人的小組**：隨著小組規模擴大，小組整體的能力、專門知識和技能也會加強，但許多方面的困難度也會增加，包括讓所有組員專注於工作、確保每個人都有發言機會和協調小組行動。

教師們在規劃和執行合作式團體學習時，所面臨的另一項考量，是要讓學生自己選擇組員，還是要由教師分組。強森（David W. Johnson）等人著作的《學習圈：教室內的合作關係》（Circles of Learning: Cooperation in the Classroom）一書，於1984年由「督導與課程發展協會」（Association for Supervision and Curriculum Development）出版，書中描述分組特徵如下：

■ 學生自選的小組通常組員的同質性高，成績好的學生會選擇其他成績好的學生組成一組，男生和男生一組，女生和女生一組，不同文化背景的學生則選擇和自己背景類似的人一組。
■ 相較於教師所分配的小組，學生自選的小組，通常較無法專注於教師指派的任務。
■ 在討論時，異質性較高的小組，似乎會有比較多的創造性思考，組員間較常相互說

明，也比較能容納不同的觀點。

有個方法能有效改進學生自選小組的缺點，那就是請學生列出他們想和哪三個人同組，然後將學生與他們所選的其中一人分派到同一組，其他組員則由教師指定。採用這種方式時，要注意可能有些學生沒有人想和他們同組，教師應該仔細考量要如何為這些學生建構一個支持性的學習環境。

分組時也可以考慮用報數的方式，隨機分配學生組成小組。比方說，若班上有三十位學生，每五人要分成一組，共分成六組，可以要求學生輪流報數，從一數到六。然後，讓報「一」的人組成一組，報「二」的人一組，以此類推。一旦分好組，就盡量讓各組保持原樣一段時間，而不要在進行下一項活動時，又重新分組。

以下是在課堂上進行小組活動時，可以參考的一些建議：

■ 確定學生有進行活動所必須的技巧和能力，假如學生沒有這些必備的技能，教師很快就會發現，因為學生維持專注的時間不會太久。
■ 給予學生完成工作的明確指引，在活動期間，確定學生了解要進行的步驟或程序。
■ 給學生充分時間完成指派的任務，對於比其他組早完成工作的組別，教師要發揮創意，想些有建設性的任務，讓他們不會無事可做。
■ 處理活動流程時要清楚明確，假如各組必須派出代表向班上同學報告他們的工作成果，那就要確保有時間讓各組安排推選代表。
■ 教師的評估策略會影響學生的小組活動，教師應多對各組學生的努力，予以鼓勵及獎勵。
■ 監督各組的工作，以指導者的身分引導學生。

善用社會專業人士

讓擁有經驗或專業的社會人士參與課程進行，能大幅增加及拓展學生對民主基礎系列課程中，相關概念的理解。社會專業人士的助益，可分為下列幾方面：

■ 藉由分享實際經驗及相關的概念應用，結合課程與現實。
■ 協助課堂上活動的進行，如：模擬法庭、模擬立法公聽會和社區會議等角色扮演活動。
■ 在學生參觀法院和立法機構等場所時，負責擔任嚮導及回答問題，豐富學生的觀摩

經驗。

■ 與某位專業人士建立長久的關係，如此在課堂上遇到相關問題或有疑惑時，就可以向這位專業人士聯繫請益。

哪些人可以擔任這種專業人士的角色？這個答案依各地區而有所不同。通常這些人包括：警察、律師、法官、立法者、中央和地方政府代表、專家學者或非營利組織成員。有些課可能還需要其他領域的專業，如：醫藥、環境科學或商業。在教師手冊和學生課本中，都有關於特定職業種類和個體的建議；有了這些人士的參與，學習民主基礎系列概念的過程會顯得更為生動而多樣。

專業人士的參與應該經過審慎考量，並能配合課程或概念。

要讓社會專業人士的參與，盡可能發揮最大的效益，需要事先有詳細的規劃。教師應該注意下列事項：

■ 參與的主要模式，應該包含與學生互動和意見分享。必須要求專業人士協助學生準備角色扮演，或模擬法庭中要發表的論點。專業人士可以扮演法官、加入學生的小組，或回答與課文特定內容相關的問題。此外，專業人士應該參加課程或活動最後的總結討論。

■ 專業人士的發言應該要不偏頗，要包含各種觀點在內。如果某位專業人士無法維持客觀，你可以考慮再邀請另一位專業人士，以確保學生對那個專業領域有較完整的認識。專業人士也應該避免使用過於專業的術語，遣詞用字越簡單越好。

■ 專業人士到訪以前，學生應該有充足的準備，充分利用有專業人士在場的機會學習。

■ 多數專業人士都不是受過訓練的教師，因此不應該讓他們負責班級管理。在他們參與期間，教師應該隨時在旁給予協助。同時教師有時必須提出適當的問題或給予提示，提醒專業人士應該如何進行活動，這有助於專業人士與學生間的良好溝通。

■ 為了使專業人士的參與圓滿順利，專業人士應該事前就拿到要參與的課程資料。一般而言，在課程進行前會當面說明或用電話溝通，以有益於了解教師對專業人士的期望。

同時活動課程的計畫緊湊、時間有限，建議教師應儘早提出邀請。課程進行時，必須找一組學生負責在專業人士到訪當天擔任招待，並在活動結束後寄送感謝函。

實行互動式教學策略

「民主基礎系列」課程有一項很重要的特點，就是所採用的教學方式，能積極鼓勵學生針對與權威、隱私、責任和正義等概念相關的問題，做出自己的決定及提出自己的立場。學生們要學習，將所知應用於現在政治、社會上的各種問題。此外，這些教學策略強調許多參與技巧，有助於提升學生們在民主憲政體制中，成為良好公民的能力。例如，學生們學到要相互合作來達到共同的目標，懂得對具爭議性的議題加以評估、採取立場，並為自己的立場說明及辯護；也知道在面臨相對立的意見和觀點時，應該如何以建設性的方式加以處理。這些學習策略中也教導學生，有關政府的運作方式。

✪ 學習成果評量

「民主基礎系列」課程教授了許多複雜的概念、知識和技巧，要想了解學生的學習成果，必須用全面又富變化的評量方法。衡量學生是否有進步的方法，可以包括傳統的紙筆測驗，還有根據學生在課堂上的表現進行評估。

要檢查對特定概念、觀點或程序了解和熟悉的程度，傳統的紙筆測驗是非常有用的工具。然而，如果教師讓學生進行的活動，是那些需要具備複雜的知識和技能才能參與的活動，教師就必須使用類似的情境，才能評量出學生的學習成果。比方說，如果學生參加的是模擬立法公聽會，教師就應該先設定類似而相當的情境，學生才能展現他們的理解程度和技能。這就是在採用互動學習策略時，表現評估非常適合用於評量學習成果的原因。

表現評估不同於傳統測驗，因為學生無須從彼此不相關的答案中做選擇。在表現評估中，學生透過處理複雜的問題，來表現所學的知識和技能，這些問題之中富含有意義的情境設定（如立法公聽會），而且通常不會只有一個正確答案。因此，學生還可以自行架構或塑造適當的回答，用各種不同的方式呈現答案，這是他們展現所知和能力的一種方式。

表現評估特別適合「民主基礎系列」課程所強調的內容、技能和學習經驗。課堂上安排的各項活動，如：小組討論、模擬法庭、公聽會，以及其他創意方案提供了最好的機會，將表現評估納入，成為學習的一部分。依據課文中各學習單元的安排，每一個單元都提供了有意義的情境，讓學生可以練習應用所學的知識和技巧。此外，每一課都有一個總結活動，讓學生綜合運用與該概念相關的所有學習成果。其他結合表現評估的方式，可參見各課「活

用所知」單元。

　　如果授課教師想自行設計不同的方法，來評估學生學習這套課程的成果，以下是一些可供參考的建議：

■ 要評估某個行為，必須先設定運用該行為的情境。例如，要評量學生做甲事的能力，就能提供情境讓他們實際做甲事。

■ 要評估學生在遇到情況時能否應用所學，就必須請他們在其他類似情況中應用所學的知識技巧。例如，教師在提問之後，必須能讓學生自行思考或討論得出適當答案，而非讓學生自許多選項中選擇正確回答。

■ 要評估學生在過程中的表現或學生作品的素質，並不是要知道學生能否找出正確答案的能力，重要的是學生們能有良好表現，或作出優秀作品的思考過程和立論依據。

■ 評量學生能否理解抽象概念與所學技巧之間的關聯。例如，在為討論做準備時，學生應該綜合運用閱讀、研究、寫作、表達和批判性思考等技巧，也應該能運用其他領域的知識和技巧來解決眼前的挑戰。

■ 事先提出表現優劣的評量標準，並確定學生們都清楚了解，可能的時候，提供範例給學生參考。

■ 提供有效而成功之團隊合作的衡量標準。小組合作和團體互動都是非常重要的能力，如果學生知道這些表現會一併受到評估，就會加以重視。

■ 給學生機會評估自己的學習情況及表現，這有助於學生能以較高標準來要求自己，並學習判定自己是否符合標準。因為這套課程中多數的學習策略都會反覆出現，學生們可以有足夠的機會不斷檢視自己的進步程度。

■ 給學生足夠的機會，自教師、同學和參與班上活動的專業人士等人處，得到回饋。

◢ 學習經驗省思

　　在「民主基礎系列」課程每個概念的結尾，我們建議學生們評量自己是否有達到該課的目標。無論對授課教師或學生而言，在各概念最後的學習階段，省思及評估整個學習經驗十分重要，其中不只包括思考概念本身的內容，也要衡量用來學習概念的教學方法。

Table of Contents

責任／教師指導手冊

Activity Book

3　　前言

3　　　有效的公民教育課程的特徵

4　　　課程理念

4　　　課程目標

4　　　課程架構

7　　　故事本格式

7　　　學習手冊格式

8　　　教師指導手冊格式

9　　　教學策略

16　　學習成果評量

17　　學習經驗省思

21　　**責任・導論**

22　　**第一課　什麼是責任？**

30　　**第二課　你會想要承擔責任嗎？**

36　　**第三課　你希望露西接受這份工作嗎？**

40　　**第四課　你會怎麼選？**

48 　第五課　你會看這部電影嗎？

52 　第六課　誰該負責？

58 　第七課　你怎麼決定？

62 　附錄：思考工具表

　　　　附錄一：利益和代價

　　　　附錄二：選擇一項責任

　　　　附錄三：決定誰該負責

65 　附錄：主角人物圖案和面具

導論

　　這個課程介紹責任，責任是一個與民主運作及社會本身存在息息相關的觀念。如果個人不能盡一己的責任，又沒有其他替代方法作為的話，整個社會都會受到傷害。

　　責任感是促成社會團結的主要因素，如果沒有責任感，社會秩序會演變成自私自利的個人主義凌駕一切的局面。

　　反過來說，如果每個人不必為自己行為負責，都推給別人，無異是默認一個人沒有也不必擁有自主的權利。一旦沒有這個行為自主權，人身自由也將無從生根發展。

　　這套課程設計著重於讓兒童對「責任」有更多的認識，了解「責任」在個人的生活及周遭環境中的重要性。我們的目標是鼓勵小朋友有能力和意願，明智又有效率的處理責任的問題。

Lesson ①

什麼是責任？

課程概述

　　這一課要介紹責任的概念，以及責任在日常生活中的重要性。學生會學到責任是有義務去做或不去做某件事情，或是從事特定的行為。學生也會學到責任的來源很多，包括：承諾、工作、家庭倫理和法律規則。學生還將進一步在一些特定狀況中找出各項責任，並預測如果人們負責任或不負責任會發生什麼結果。

課程目標

上完這一課後，學生應該能做到下列各事項：
■ 定義責任
■ 辨認責任的例子
■ 說明常見的責任來源
■ 辨認負責任或不負責任會帶來的獎勵或處罰
■ 說明為什麼責任對個人和團體都很重要

課前準備和所需教材

「動物管理員」故事本第一章 P. 1～11
學習手冊「第一課：何謂責任」P. 1～17
圖畫紙和蠟筆
角色扮演的面具，面具原稿圖樣在本手冊的附錄 p. 65～70（自行選用）。

課程介紹

❡ 本課會學到的概念 ❡
「學習手冊」P.1

請學生試著說說看「學習手冊」第2頁的說明中有哪些責任的議題，做為這一課的課程介紹。

請學生讀「學習手冊」第1頁「本課會學到的概念」，並討論這一課的「課程目標」。

❡ 本課詞彙 ❡
「學習手冊」P.2

教師從語境中找出語詞，共同討論並將語詞寫或貼在黑板上，引導學生自行先作語詞的解釋，教師再予以整理歸納後，鼓勵學生口頭造句，評估學生對該語詞的了解程度。

- 信念（beliefs）：堅信不疑的想法或主張。信念可能來自傳統、家庭或價值觀。
- 責任（responsibility）：應該做或不應該做某件事的義務。
- 承諾（promise）：答應、同意。

❡ 重要觀念 ❡
「學習手冊」P.2～3

請學生讀課程介紹的部分，並回答第3頁的問題：愛莉和亞倫答應要做什麼？

如果他們做到答應的事，可能會產生什麼結果？如果沒有做的話，又可能有什麼結果？

再請學生讀其餘的部分，透過討論檢驗學生對「責任」這個名詞的認識，責任是一種義務，某件我們必須去做的事情。請學生舉一些曾有過責任或義務的例子。責任還包括做該做的事情，請學生舉一些這方面的例子。有時候我們有責任不做不應該做的事情，例如：我們有責任考試不作弊。

最後一段說明當我們履行責任後，可能會對自己感到滿意，也可能獲得其他正向的鼓勵。相反的，如果沒有履行應負的責任，可能會感覺很糟糕或必須承受其他負面的結果。

學生應該了解不論負責任或不負責任都會深深影響我們，也會影響我們周圍的人。

課程介紹

⚫ 閱讀、複習和討論 ⚫

「動物管理員」故事本 P. 1～11
「學習手冊」P. 3～7

<動物園管理員>的故事

故事本的第一章介紹責任的觀念，學生應該認識責任是一種義務，是要去做或不去做某件事情的義務。履行責任會帶來不同的獎勵，不履行責任的人則必須承受不同的處罰。這些獎勵包括：自尊的提升、更好的獨立性、獲得他人的稱讚、金錢的獎賞，或其他形式的鼓勵；沒有負責任的後果則包括：覺得慚愧或有罪惡感、被他人責備、罰款，或其他的懲罰，像是權利被剝奪。

給學生看插圖，並把故事第一章的內容大綱告訴學生。教師可以自己唸故事的內容給學生聽，也可以請學生輪流朗讀。

> 讀至「動物園管理員」故事本第4頁的討論重點

這裡的討論可以幫助學生明白，責任的概念指的是義務或職責。用更簡單的話語來說，責任就是人們應該要做的事情，或是不應該去做的事情。請學生預測如果履行責任或不履行責任可能發生的結果，可以幫助學生更明白負責任的重要性。

請學生試著回答「學習手冊」第4～5頁的問題。以下是學生可能提出來的回應：

■ 馬丁應該做哪些事情？

馬丁的責任如下：早上八點以前來上班、餵食和清洗動物、確定大象和其他動物得到足夠的飲水、對遊客有禮貌、幫助遊客們在動物園裡找到要去的地區、協助有困難的遊客。

接受學生從故事中引申或想到的責任。教師可以把學生的回應寫在黑板上，把以下各問題的討論和學生的回應互相呼應。

■ 如果馬丁做好這些事情，會發生什麼事？

如果馬丁好好的完成他的責任，動物們會很健康，然後就會很快樂；遊客們到動物園來都會很開心，遊客和動物也都更安全，馬丁自己也會得到更多的自信。

接受任何可以從故事引申出來的答案。

■ 如果馬丁沒有做到這些事情，可能有什麼結果？

如果馬丁沒有負起工作上的這些責任，動物們可能會生病，也會不快樂；動物園可能會變得很髒，遊客們不想來參觀遊玩，馬丁可能會有對自己沒有做好工作而感到愧疚。

接受任何可以從故事延伸出來的答

案。在第一章的後面還會再討論馬丁沒有負責任的結果，請在討論這些問題之前先讀第一章的故事內容。

■ 小朋友應該有哪些責任？

接受任何合理的答案。教師可以把學生提出的答案列在黑板上，然後一項一項討論，如果孩子們負責任會有什麼結果？如果不負責任又會有什麼結果？

> 請讀至「動物管理員」故事本第6頁的討論重點

請學生回答「學習手冊」第6～7頁的問題。以下是一些可能的回應：

■ 動物園的遊客應該做到哪些事情？

動物園的遊客應該要遵守園方的規定，家長要看好小孩，舉止行為要有禮貌。問學生在參觀動物園時不應該做哪些事情？這樣的討論可以幫助學生了解責任也包括不該做的事項。

遊客不能餵食動物、不能打擾動物、不能亂丟垃圾。

接受其他合理的答案。

■ 如果遊客們做到這些事項會有什麼結果？

遊客們會很安全、安心的享受在動物園中的時光、覺得很開心。

接受任何合理的回答。

■ 假如他們不做，可能會發生哪些結果？

遊客們可能會傷害到動物，也可能會受到傷害，而無法在動物園裡玩得盡興。

接受任何合理的答案。

■ 大家在公園玩耍或到圖書館時有哪些責任？

人們在公園玩耍或到圖書館時應該要遵守規則，不能亂丟垃圾，對別人要有禮貌，不能破壞財物……。

接受任何合理的答案。

> 討論「學習手冊」第7～8頁的各項問題。

■ 克萊小姐應該做哪些事情？

克萊小姐是督導員，必須確保馬丁做好他的工作，遊客們都安全並能享受在園中的時光，還必須確保動物們都安全且獲得適當的照顧。

接受任何合理的答案。

■ 假如她做到這些事情會發生什麼結果？

動物園會很乾淨，動物們健康又安全，對遊客也是很安全。馬丁做得好，

克萊小姐也會更喜歡自己的工作，並對自我的感覺更好。

接受任何合理的答案。

■ 如果她沒有做這些事會有什麼結果？

動物園可能會很髒，對動物和遊客都不安全，克萊小姐也會對自己的表現感到不滿意。

接受任何合理的答案。

■ 大人有哪些責任？

接受任何合理的答案。

教師可以將學生提出的答案列在黑板上，然後討論如果大人好好負責的話會有什麼結果？不負這些責任會有什麼結果？

✐ 角色扮演活動 ✐

（自行選擇）

在第一章的最後，猴子、大象和獅子們聚在一起討論馬丁如果沒有負責任對牠們產生哪些影響？可以讓學生角色扮演馬丁做了這個關於動物的夢的場景。

在本手冊的附錄中，有故事中各個主角人物的面具圖形，請學生先著色再剪下來，進行角色扮演。也可以邀請幾位學生角色演出馬丁和克萊小姐之間的討論，作為本章結束活動。

✐ 重要觀念 ✐

「學習手冊」P. 8～14

請學生朗讀這部分的課文，這部分要討論人們如何得到責任，例如：我們的承諾、工作分派……等等。一般而言，了解責任的來源很重要，知道這些來源可以幫助我們了解各項責任之間的相對重要性，幫助我們決定是否要接受一項新的責任，或是在無法兼顧的數項責任之間做選擇。

請學生唸出每一項責任來源和實例，並從自己的生活經驗中舉例。課本上的討論重點用彩色字標明出來，並留有空格讓學生可以填入答案做為回應。

這部分的討論可以幫助學生了解為什麼履行責任很重要，我們都期待別人負責任，當有人不負責任時，大家很可能必須承受一些不好的結果。別人也期待我們要負責任，負責可以幫助我們獲得想要或需要的事物、與他人和睦相處、避免不必要的問題或是能解決問題。

批判性思考

這項練習中，學生要辨認幾個假設性情況中的責任、這些責任的來源，並評估如果履行或不履行這些責任會有什麼結果。

把學生分成兩人一組，回答假設狀況1～6中的責任和責任來源。在學生進行這項練習之前，先帶大家複習第15～16頁的各項指示和問題。

學生完成練習後，請和全班一起分享各組的答案。以下是一些常見的回答：

1. 麥克在過馬路前會先看看左右有沒有來車。

麥克在過馬路之前有責任察看路況，這項責任的來源不只一項，爸爸媽媽或老師告訴他必須這麼做，為了避免被撞到，麥克自己也相信這是正確的做法。

接受所有關於麥克履行或不履行這項責任可能後果的合理答案。

2. 莎莉遇到紅燈時會停車。

莎莉有責任要維護行車的安全並遵守交通法規，這項責任的來源是法律規範。

接受所有關於莎莉履行或不履行這項責任可能後果的合理答案。

3. 山姆先做完功課才去看電視。

山姆有責任要做完功課，責任的來源可能是有人告訴他應該這麼做，例如：老師或家長。另外一個責任的來源可能是山姆自己對是非對錯的認知，他知道如果沒有完成功課，他學習的成果會受到影響，就可能得不到好的在校成績。

接受所有關於山姆履行或不履行這項責任可能後果的合理答案。

4. 韓恩太太必須八點鐘上班。

韓恩有責任準時上班，這項責任來源是工作，也同時來自她對是非對錯的認知。

接受所有關於韓恩履行或不履行這項責任可能後果的合理答案。

5. 琳達是棒球隊的一員，她每天放學以後都會參加練習。

琳達有責任要參加棒球隊的練習，責任的來源是承諾，這是琳達在加入棒球隊時就做的承諾。同時，琳達也可能相信如果沒有參加練習是錯的。

接受所有關於琳達履行或不履行這項責任可能後果的合理答案。

6. 保羅說他會在放學後去找雷曼。

保羅有責任在放學後去見雷曼。這個責任的來源是他的承諾。

接受所有關於保羅履行或不履行這項責任可能後果的合理答案。

運用和技巧評估　延伸學習

◢ 展示學習成果 ◣

「學習手冊」P. 16

分發圖畫紙和蠟筆給學生，請大家依照第16頁的指示畫圖，然後和全班分享個人的圖畫作品，並說明其中的責任。

◢ 課後活動 ◣

「學習手冊」P. 17

「學習手冊」第17頁建議的練習將學習延伸運用到課堂之外，你可以請學生完成其中一項或多項活動，然後和全班分享成果。

NOTES

Lesson ②

你會想要承擔責任嗎？

課程概述

　　這一課要幫助學生辨識在特定情況下承擔責任的結果，學生要練習將這些結果區分為益處和代價。在課程的練習中，學生會學習以下兩種技巧：（1）辨識承擔責任的結果；（2）區分這些結果是利益還是代價。

課程目標

上完這一課後，學生應該能做到以下各事項：
■ 辨識在某個特定情況中承擔責任或不承擔責任有哪些結果。
■ 把這些結果區分為益處或代價。
■ 說明承擔責任常見的利益和代價。

課前準備和所需教材

「動物管理員」故事本第二章 P. 12～16
學習手冊「第二課：你會想要承擔責任嗎」P. 19～31
圖畫紙和蠟筆（自行選用）
影印及發給每位學生一份「利益和代價」思考工具表，表格在本手冊的附錄一（p. 62）。

課程介紹

文中有要求是否要承擔新責任的例子。

◑ 本課會學到的概念 ◑

「學習手冊」P. 19

一開始，先請學生說說看是否曾經有想要承擔一項責任的經驗，當時學生是怎麼決定要不要承擔這個責任呢？

請學生讀「學習手冊」第19頁的「本課會學到的概念」的內容，並討論這一課的「課程目標」。

透過這部分的討論能幫助學生了解：每履行一項責任必定會產生一些結果。有些結果是利益，會因為責任完成而帶來一些好的結果；有些結果是代價，是負責任之後造成的一些問題。學生必須先清楚這些名詞的意思。

◑ 閱讀、複習和討論 ◑

「動物管理員」故事本P. 12～16
「學習手冊」P. 21～24

＜動物園管理員＞的故事

故事本的第二章提出一個觀念：當我們負起責任時會產生一些結果，這些結果同時存在著利益和代價，也就是好處和壞處。舉例來說，如果一位學生接受學生會議代表的責任，好處是有機會在做決定時表達意見，以及對自己的感覺很好。但是，也必須付出代價。例如：得用自己的時間，或是因為無法讓大家滿意而有無力感。利益和代價的概念和獎勵與懲罰不同，我們可以說獎勵可能是承擔責任的一種利益。無論承擔責任和不承擔責任都會有各種利益和代價，不承擔責任也會有各式各樣的利益和代價。這部分的討論要幫助學生了解利益和代價，以及在決定是否要接受一項新責任時，如何考量這些利益和代價。

給學生看插圖，並把故事第二章的

◑ 本課詞彙 ◑

「學習手冊」P. 20

教師從語境中找出語詞，共同討論並將語詞寫或貼在黑板上，引導學生自行先作語詞的解釋，教師再予以整理歸納後，鼓勵學生口頭造句，評估學生對該語詞的了解程度。

- 利益（benefits）：因一項作為而帶來的好結果。
- 代價（costs）：為了達到目的所花的精神或時間或必須放棄的事物。
- 問題、難題（problem）：待解決或思考的困難。

◑ 重要觀念 ◑

「學習手冊」P. 20～21

請學生讀「學習手冊」的內容，課

課程介紹

內容大綱告訴學生。教師可以自己唸故事的內容給學生聽，也可以請學生輪流朗讀。

請大家讀到「動物管理員」故事本第14頁的討論重點。

請學生回答「學習手冊」第22頁的問題。以下是一些可能的回應：

■ 馬丁有什麼新責任？

克萊小姐指派給馬丁一項新責任：刷馬，她示範給馬丁看如何刷馬，然後告訴他七匹馬都要刷好。這是馬丁另一項新責任。

■ 這項責任有什麼利益？

馬兒們很喜歡這樣的刷洗；克萊小姐說馬丁完成工作後可以選一匹馬騎；馬丁對他的工作很驕傲。

■ 這項工作要付出哪些代價？

幫七匹馬刷洗得花一整個下午的時間，馬丁可能得晚下班才能餵完其他的動物。

請大家讀到「動物管理員」故事本第15頁的討論重點。

請學生回答「學習手冊」第24頁的問題。以下是一些可能的回應：

■ 責任的內容是什麼？

克萊小姐問馬丁願不願意負責把新的告示牌立起來。

■ 有什麼好處？

有了新的告示牌，遊客們能更盡興的享受在動物園中的時光，也能學到更多，馬丁自己也能學到更多關於動物們的知識；馬丁可能會覺得這項工作很好，因為他喜歡幫助遊客，還能讓克萊小姐高興。

■ 有哪些代價？

接受這項工作得花時間，馬丁已經有很多工作要做，他有一種厭煩的感覺，因為感到被要求要做超過他分內合理的工作量。

■ 你覺得馬丁該怎麼做？為什麼？

請學生仔細考量這份責任的利益和代價，然後決定馬丁該怎麼辦，並向大家說明個人的理由。

✐ 重要觀念 ✐

「學習手冊」P.24～27

請學生讀這一段內容，課文中說明承擔責任常見的一些利益和代價，當然還有其他沒有提到的利益和代價。教師可以把這些項目寫或貼在黑板上，然後和學生逐一討論。要注意其中有一些和個人的感覺有關，有一些則是把焦點放在責任對團體的影響。

批判性思考

在這裡學生要練習運用利益和代價的概念，在四個不同的狀況中辨識負責任的利益和代價。

（1）將學生分成兩人一組；（2）閱讀以下四個情境題；（3）各組討論；（4）發表分享各組答案。

以下是一些常見的回答：

1. 福瑞和蘇西要出去玩。他們的父親說：「蘇西，看好你的弟弟，不要讓他受傷了。」

蘇西的責任是要顧好弟弟，她有這個責任是因為有人要求她這麼做，同時也可能是屬於道德責任。接受對於負責任的利益和代價任何合理的答案。

2. 一群小孩去公園野餐。公園裡的標示上寫著：「請勿亂丟垃圾。」

每個到公園玩的人都有責任不亂丟垃圾，這項責任從法律規定而來，也可能是屬於道德責任。接受對於負責任的利益和代價任何合理的答案。

3. 老師說：「大家要分享蠟筆喔！」

孩子們有責任要一起分享蠟筆，他們有這項責任是因為老師要求大家這麼做。接受對於負責任的利益和代價任何合理的答案。

4. 羅莉答應要為班級同樂會烤餅乾。

羅莉有責任要為班級同樂會烤餅乾，因為她自己答應要這麼做。接受對於負責任的利益和代價任何合理的答案。

運用和技巧評估 | 延伸學習

◊ 展示學習成果 ◊

「學習手冊」P. 29～31

在＜養狗的例行工作＞的故事中，查理要決定是不是要負起養寵物的責任。有兩種方式可以用來進行這個部分的活動。

可以請同學們按照第29頁的指示畫兩張圖畫，也可以請同學們朗讀這個故事並完成「利益和代價」的表格。表格在本手冊的附錄一（p.62）。以下是學生可能回應的參考。

◊ 課後活動 ◊

「學習手冊」P. 31

「學習手冊」第31頁建議的練習活動將學習延伸運用到課堂外，你可以請學生完成其中一項或多項活動，然後和全班分享成果。

利益和代價	
1.什麼責任？	查理想要一隻小狗，他可能要負擔好幾項責任： ■ 餵小狗食物和水。 ■ 帶狗運動。 ■ 幫狗洗澡，保持小狗乾淨。 ■ 訓練小狗聽話。 ■ 清理小狗的大小便。
2.有什麼利益？	■ 查理可以和小狗一起玩。 ■ 查理可以學習如何照顧寵物。 ■ 查理會對自己能負責任感到驕傲。 ■ 查理有機會向媽媽展現他願意負責任。
3.有什麼代價？	■ 照顧小狗會花掉查理本來做其他事情的時間。 ■ 餵養和照顧小狗的健康要花錢。 ■ 查理會擔心自己萬一沒有做好這些工作，會發生什麼結果。 ■ 查理可能會覺得比其他家人分擔更多的家庭工作。
4.這個人要承擔這份責任嗎？為什麼？	讓同學們自行決定查理該怎麼做，並向大家說明理由。

Lesson ③

你希望露西接受這份工作嗎？

課程概述

　　這一課是屬於全班參與的活動，讓大家練習分析並做決定是否接受一項新責任。在＜班森太太的寶寶＞故事中，露西的鄰居提供她一個擔任保姆的工作機會，學生將角色扮演故事中的不同人物，決定到底要不要接受這個新責任。學生要運用先前的課程所學關於利益和代價的概念，來分析故事中的責任和決定在這個情況下該怎麼做。

課程目標

上完這一課後，學生應該能做到以下各事項：
■ 分析一個是否要接受責任的狀況。
■ 評估、決定是否要負責任，並為所採取的立場辯護。

課前準備和所需教材

學習手冊「第三課：你希望露西接受這份工作嗎」P. 33～38
影印及發給每位學生一份「利益和代價」思考工具表，表格在本手冊的附錄一（p.62）。

課程介紹

「學習手冊」P. 33

❞ 本課會學到的概念 ❞

向學生說明在這一課中，學生要運用之前所學「履行責任的利益和代價的觀念」來解決一個問題。同學們要在課堂上進行角色扮演，如果同學們沒有角色扮演的經驗，教師必須先花一些時間告訴同學們角色扮演的目的，並建議大家該如何準備和呈現所扮演的角色。

請大家讀「學習手冊」第33頁「本課會學到的概念」的內容，並討論這一堂課的「課程目標」。

❞ 參與班級活動 ❞

「學習手冊」P. 34～35

請學生先讀第一段的指示，然後再讀＜班森太太的寶寶＞的故事，並討論故事中的狀況和問題。接下來發給學生每一人一份「利益和代價」表格，表格原稿在附錄中。表格上的問題是以學生在第二課中學到的履行責任的利益和代價為基礎，可以幫助學生分析並呈現各自擔任的角色。

以下是學生可能提出的回應：

利益和代價	
1. 什麼責任？	照顧班森太太的小寶寶
2. 有什麼利益？	露西喜歡這個小寶寶。 薪資是每小時70元，或是每週350元。 露西對自己能賺錢覺得很棒。 露西對自己能照顧小寶寶覺得很棒。
3. 有什麼代價？	露西在星期四和星期六的下午都必須工作。 星期六她沒辦法和朋友一起玩，星期四也沒辦法看最喜歡的電視節目。 露西可能會覺得自己沒辦法勝任。
4. 這個人要承擔這份責任嗎？為什麼？	

深入討論

✿ 活動準備 ✿
「學習手冊」P. 35～37

　　三人一組，分別擔任露西、露西的父親、班森太太。請大家複習一下這三個角色。

　　給學生足夠的時間來完成表格，並準備在角色扮演時要說的台詞，鼓勵學生盡量用寫在表格上的資料來表達。

✿ 進行活動 ✿
「學習手冊」P. 37

　　再次確認學生了解課本中的活動指示。把教室布置成適合這個活動的情境。教師需要設定時間，才能讓每組都有合理的時間來演出這個故事。

✿ 自由發揮 ✿
「學習手冊」P. 38

　　「自由發揮」的目的是要更深入的討論，幫助學生評估各組提出來的不同決定，也能幫助學生回顧整個活動的過程。鼓勵學生自由表達是否同意各組決定並說明理由。

NOTES

Lesson ④

你會怎麼選？

課程概述

　　學生會學到人們常常面對無法同時兼顧的責任，有時候兩項責任的內容互相衝突，有時候是責任和其他重要的價值和利益衝突。學生會知道通常每個人都可以作選擇，並學會利用一組問題來協助自己考量如何在互相衝突的責任之間做決定。

課程目標

上完這一課後，學生應該可以做到下列各事項：
■ 說明什麼是無法兼顧的責任
■ 分辨日常生活中常見的一些無法兼顧的責任
■ 分辨在特定狀況中，有哪些無法兼顧的責任
■ 運用一組問題來分析這些狀況
■ 在無法兼顧的責任之間做決定

課前準備和所需教材

「動物管理員」故事本第三章 P. 17～24
學習手冊「第四課：如何選擇要完成哪一項責任」P. 39～48
影印及發給每位學生一份「選擇一項責任」思考工具表，表格在本手冊附錄二（p. 63）。
角色扮演活動的面具。面具的圖樣在本手冊附錄中。

課程介紹

◇ 本課會學到的概念 ◇

「學習手冊」P. 39

請學生讀「學習手冊」第39頁「本課會學到概念」的課文，並討論這一課的「課程目標」。

◇ 本課詞彙 ◇

「學習手冊」P. 40

教師從語境中找出語詞，共同討論並將語詞寫或貼在黑板上，引導學生自行先作語詞的解釋，教師再予以整理歸納後，鼓勵學生口頭造句，評估學生對該語詞的了解程度。

- 知識（knowledge）：與某事相關的資訊與事實。
- 技能（skills）：完成任務所需的能力。
- 工具（tools）：能幫人完成工作或解決問題的事物。

◇ 重要觀念 ◇

「學習手冊」P. 40～41

請學生讀這段課文，並回答第41頁的問題。

1. 藍尼有什麼責任？

2. 你認為他應該做哪一樣？為什麼？

請學生說出是否曾發生責任互相衝突的經驗，當時的決定是什麼？

◇ 閱讀、複習和討論 ◇

「動物管理員」故事本P. 17～24
「學習手冊」P. 41～44

＜動物園管理員＞的故事

故事第三章的內容能幫助學生了解：有時候我們會在同一個時間面對兩個以上的責任。舉例來說：一個孩子可能在同一個時間有自然科的考試和去看牙醫的預約，不可能兩樣事情都同時做到。

有時候，一項責任和另一項責任的利益相衝突。例如：孩子必須要做功課，做功課和他想看最喜歡的電視節目的利益相衝突。

有時候，一項責任會和某個重要的價值或利益相衝突。例如：孩子很重視和好朋友之間的義氣，但是又有責任發現有人作弊時要告訴老師。

我們稱這些是無法兼顧的責任，我們常常必須在無法兼顧的責任之間做選擇。在承擔一項特殊責任時，我們可能必犧牲一些重要的利益或價值。有時候，人們決定不承擔某一項特殊責任是因為認為保持另外的一些價值和利益更

重要。故事中的事件要協助學生思考這些互相衝突的責任並做決定。

給學生看插圖，並把故事第三章的內容大綱告訴學生。教師可以自己唸故事的內容給學生聽，也可以請學生輪流朗讀。

> 請大家讀到「動物管理員」故事本第24頁的討論重點。

請學生回答「學習手冊」第43～44頁的問題。以下是一些可能的回應：

■ 馬丁必須做什麼選擇？為什麼？

動物園決定要僱請一位新的導遊來帶領遊客參訪並介紹動物。園中的督導對馬丁的工作表現印象深刻，猜想馬丁可能會喜歡擔任導遊的新工作。馬丁必須決定是要維持現在的工作，還是要接受導遊的工作。

■ 馬丁喜歡動物園管理員的哪些工作？為什麼？

馬丁把工作做得很好，人們都很喜歡他，也會稱讚他所做的事。這讓馬丁覺得很好，他喜歡和動物們在一起，動物們也喜歡馬丁，他們成為好朋友。馬丁對目前在動物園中的職位很滿意。

■ 擔任導遊有什麼好處？

新工作讓馬丁有更多和遊客接觸的機會，而且新工作是升官，克萊小姐和霍伯先生認為馬丁有資格得到升遷機會，馬丁也會得到更多的薪水。

■ 新工作有什麼代價？

星期六和星期天馬丁都必須工作，沒辦法和朋友見面，也不能去打球；他會想念餵食動物時的愉快時光，馬丁還必須學習更多關於動物的知識。他可能也會擔心自己沒辦法把新工作做得和現在的工作一樣好。

■ 你認為馬丁應該怎麼決定呢？為什麼？

請學生仔細思考這個情況裡的利益和代價，同學們覺得哪些對馬丁而言最重要呢？讓學生決定馬丁該怎麼做，並向班上同學敘明個人的理由。

✿ 角色扮演活動 ✿

（自行選擇）

教師可以請學生來演出故事中馬丁必須做的決定。面具的圖案在本手冊的附錄中。角色扮演可以加入克萊小姐和霍伯先生，以及動物園裡的各種動物。請問各個角色認為馬丁該怎麼做？為什麼？

批判性思考

◢ 重要觀念 ◣

「學習手冊」P. 45

請學生讀這一頁的內容，然後列出在無法兼顧的責任之間做決定時要問哪些問題。首先，我們想要知道每一項責任的利益和代價，然後運用這些問題來分析和比較各項責任。

這些問題可以運用到大部分的狀況，不過，有些時候其中的一些問題可能不適用，或是從現有資訊中無法得到答案，可以略過。這些問題是「選擇一項責任」思考工具表的基礎，請參考本手冊附錄（p.63）。

◢ 解決問題 ◣

「學習手冊」P. 46

在這項活動中，學生要運用先前所學來分析和「無法兼顧的責任」有關的各種可能發生的狀況。

把學生分成兩個人一組一起唸＜羅莎的問題＞，發給每人一份「選擇一項責任」思考工具表，表格在本手冊的附錄二（p.63）。在開始進行活動前，帶領學生複習活動的指示和各項問題。

學生完成思考工具表後，和大家一起分享個人的答案。下列是學生可能提出的答案。

批判性思考

<table>
<tr><td colspan="3" align="center">選擇一項責任</td></tr>
<tr><td></td><td align="center">責任1</td><td align="center">責任2</td></tr>
<tr><td rowspan="2">什麼責任？</td><td>羅莎的媽媽要她放學後趕快回家，因為必須去看牙醫。</td><td>羅莎答應好朋友珍放學後要留下來打球。少了羅莎，球隊的人不夠就沒辦法比賽。</td></tr>
<tr><td colspan="2">說明：對羅莎來說，這是無法兼顧的責任。羅莎有責任聽媽媽的話，但是她也重視友誼的價值，想要留下來參加球賽。羅莎覺得照顧好自己的健康也是一項利益。</td></tr>
<tr><td rowspan="5">每項責任各有哪些利益和代價？</td><td colspan="2" align="center">利益</td></tr>
<tr><td>■ 羅莎的媽媽以後都能信任羅莎。
■ 做好媽媽交代的事情會讓羅莎覺得很好。
■ 羅莎照顧好自己的身體健康。</td><td>■ 羅莎的朋友以後都能信任她。
■ 她能為球隊的比賽盡一份力。
■ 對朋友信守承諾讓羅莎覺得很好。</td></tr>
<tr><td colspan="2" align="center">代價</td></tr>
<tr><td>■ 羅莎必須放棄和好朋友一起打球。
■ 她可能因為被迫去做不想做的事而覺得生氣。
■ 她可能一點都不喜歡去看牙醫。
■ 羅莎可能會覺得被迫去做朋友們不用去做的事。
■ 她的朋友們可能會很氣她，她也會擔心朋友們會怎麼想。</td><td>■ 沒辦法完成媽媽交代的事。
■ 媽媽可能會生氣，羅莎也會擔心媽媽怎麼想。
■ 她必須放棄這次約好的門診時間，再重新預約。</td></tr>
<tr><td></td><td></td></tr>
<tr><td>哪一項責任必須優先處理？</td><td>牙科的時間已經預約好在放學後了。</td><td>比賽的時間已經排定在放學之後。</td></tr>
<tr><td>這項責任比較重要嗎？</td><td>■ 聽媽媽的話很重要。
■ 牙齒的健康比球賽重要。</td><td>■ 對羅莎來說，朋友怎麼想她很重要。
■ 球隊很可能可以重新安排比賽的時間。</td></tr>
<tr><td>這項責任必須花比較多的時間嗎？</td><td>看牙齒會用到一整個下午。</td><td>這場球賽也會占掉一整個下午。</td></tr>
</table>

續下頁

承前頁

完成這項責任需要做到什麼？ ■ 知識 ■ 金錢 ■ 技能 ■ 時間 ■ 工具	■ 看牙醫要花錢。 ■ 看牙醫要花時間。	■ 羅莎必須知道比賽的規則，並須具備打球的技能。 ■ 她不需要再學新的東西。 ■ 球賽需要花時間。
這項責任必須放棄什麼？這些事項重要嗎？	■ 羅莎必須放棄牙醫約診。 ■ 羅莎必須放棄讓媽媽高興。 ■ 這些都很重要。	■ 羅莎必須放棄讓隊友們高興和讓自己開心。 ■ 朋友和自己參加比賽的利益對羅莎重要。 ■ 成為一個好的運動員對羅莎很重要。
這個人該怎麼決定？為什麼？	讓學生決定羅莎該怎麼做，並向全班說明理由。	

運用和技巧評估

✐ 展示學習成果 ✐
「學習手冊」P. 47～48

　　<海灘上的一天>是一個開放結局的故事，請學生讀這個故事，然後為它寫個結局。可以用口述的方式，也可以用書面寫下來。學生設計與想像的結局必須能回應這一課中學到的一些觀念。請學生和全班分享所寫的結局。

延伸學習

✐ 課後活動 ✐
「學習手冊」P. 48

　　「學習手冊」第48頁建議的練習活動將學習延伸運用到課堂外，你可以請學生完成其中一項或多項活動，然後和全班分享成果。

NOTES

Lesson 5

你會看這部電影嗎？

課程概述

這一課是全班參與的活動，讓學生練習用問題來分析「無法兼顧的責任」的狀況。在＜一部恐怖電影＞的故事中，珍必須決定要先履行哪一項責任。把學生分成四人一組，而且每個成員必須承擔一項責任。

課程目標

上完這一課後，學生應該可以做到下列各事項：
■ 用一組問題來分析「無法兼顧的責任」的狀況。
■ 評估、決定在這個狀況中要承擔哪一項責任，並為自己選擇的立場辯護。

課前準備和所需教材

學習手冊「第五課：你會看這部電影嗎」P. 48～51
影印及發給每位學生一份「選擇一項責任」思考工具表。
表格在本手冊的附錄二（p. 63）。

課程介紹

本課會學到的概念

「學習手冊」P. 49

向學生說明這一堂課要練習有關如何「在無法兼顧的責任中做選擇」。在課堂上，學生要分成小組來評估一個狀況，然後決定要承擔哪一項責任。在準備這一課的活動時，小組的每個成員都有一項要負擔的責任。

請學生讀「學習手冊」第49頁「本課會學到的概念」內容，並討論這一課的「課程目標」。

參與班級活動

「學習手冊」P. 50～51

請學生讀參與班級活動的內容，然後再讀＜一部恐怖電影＞的故事。學生討論故事中的事件和問題後，發給大家一人一份「選擇一項責任」思考工具表，表格在本手冊後面附錄中（p.63）。

思考工具表所列出的各項問題，是以學生在第四課中學到「無法兼顧的責任」的內容為基礎，可以幫助學生在準備報告時分析各角色的責任，下一頁中有學生可能會提出的答案。

深入討論

活動準備

「學習手冊」P. 52～53

先帶學生複習準備活動的各項指示，把學生分成四人一組，指派每位學生一項下列的角色：朗讀者、第一發言人、記錄者、報告者。和學生一起複習各個角色。

給大家足夠的時間來完成思考工具表，然後幫助報告者準備發表的內容。鼓勵學生盡量根據思考工具表的內容來報告。

進行活動

「學習手冊」P. 53

複習進行活動的指示，把教室桌椅擺設成適合進行報告的位置，教師可能需要設定時間，但是要讓每組都能充分表達他們的想法。

自由發揮

「學習手冊」P. 53～54

「自由發揮」的目的是要更深入的討論，幫助學生評估各組提出來的不同決定，也幫助學生回顧整個參與活動的過程。鼓勵學生自由的表達個人同不同意各組的決定，並說明理由。

選擇一項責任		
	責任1	責任2
什麼責任？	珍的媽媽交代她要好好照顧四歲的弟弟大衛。大衛被恐怖電影嚇壞了，想要回家。 互相衝突的責任是來自於珍的承諾，也關係到要照顧好大衛和對雪莉的友誼及安全感。	珍答應好朋友雪莉到她家陪她看電影。雪莉的父母都得工作，雪莉自己一個人在家，她告訴爸爸媽媽珍會過來陪她。這似乎暗示珍的陪伴能減輕雪莉的父母把雪莉單獨留在家裡的不安。雪莉自己也怕單獨留在家裡。珍覺得對朋友有責任。
每項責任各有哪些利益和代價？	利益	
	■ 大衛不會再害怕。 ■ 大衛晚上可以安心睡覺。 ■ 珍做到媽媽交代的事情。 ■ 珍對自己照顧好弟弟覺得很滿意。	■ 雪莉在家會覺得安全。 ■ 珍會對自己對朋友信守承諾感覺很好。 ■ 雪莉的爸爸媽媽會因為雪莉不是單獨在家而覺得放心。
	代價	
	■ 珍可能得回家。 ■ 珍沒辦法看完她想看的電影。 ■ 雪莉會害怕。 ■ 雪莉可能會生珍的氣。	■ 大衛會嚇壞了，晚上無法入睡。 ■ 珍的媽媽可能會生氣或對她失望。
哪一項責任必須優先處理？	大衛希望馬上回家，或是希望媽媽盡快來接他們。	珍已經在雪莉家裡了。
這項責任比較重要嗎？	做到媽媽交代的事對珍很重要。不要讓大衛害怕很重要，因為會影響到他的睡眠。	雪莉不是單獨在家很重要。雖然在這個案例中，雪莉是她爸媽的責任，而不是珍要負責任。
這項責任必須花比較多的時間嗎？	這個案例中不是問題。	這個案例中不是問題。
完成這項責任需要做到什麼？ ■ 知識 ■ 金錢 ■ 技能 ■ 時間 ■ 工具	這個案例中不是問題。	這個案例中不是問題。

續下頁

承前頁

這項責任必須放棄什麼？這些事項重要嗎？	■ 珍必須放棄看完電影，但是這不是那麼重要。她可以找其他時間來看電影。 ■ 比較重要的是珍會讓好朋友失望。珍很重視雪莉的友誼。	■ 珍可能會失去媽媽的信任。 ■ 大衛可能會生珍的氣。 ■ 對媽媽信守承諾很重要。
這個人該怎麼決定？為什麼？		

Lesson 6

誰該負責？

課程概述

　　學生會學到我們經常需要知道誰該為某件事情負起責任。當有好的、正面的事情發生時，我們想知道誰該負責，才能知道要獎賞誰；當不好的事情或錯誤發生時，我們想知道誰該對這個錯誤或傷害負責。找出該負責的人可以指導或修正我們往後的行為和做事方法。學生會學習用一組問題來協助分析和決定誰該為發生的事件負責任。

課程目標

上完這一課後，學生應該能做到下列各事項：
■ 說明為什麼必須決定誰該為發生的事件負責任。
■ 用一組問題來分析和決定誰該負起責任。

課前準備和所需教材

「動物管理員」故事本第四章 P. 25～34
學習手冊「第六課：如何知道誰該負責」P. 55～64
發給每人一份「決定誰該負責」思考工具表，表格在本手冊附錄三（p. 64）。
圖畫紙和蠟筆

課程介紹

本課會學到的概念

「學習手冊」P. 55

先請學生說說看自己曾經有過想要知道誰應該為某件事情負責的情況,接著鼓勵學生舉出正面的例子。例如:曾經有人做了某件好事情而沒有讓別人知道。為什麼需要知道是誰該負責呢?

請學生讀「學習手冊」第55頁「本課會學到的概念」,並討論這堂課的「課程目標」。

重要觀念

「學習手冊」P. 36～58

請學生讀這部分的內容,和大家一起檢視這些範例和說明。這些討論應該可以幫助學生了解,大部分的時候我們因為有問題而想找出該負責的人。相同的,誰該為發生好事負責也一樣的重要。

閱讀、複習和討論

「動物管理員」故事本 P. 25～34
「學習手冊」P. 59～61

<動物園管理員>的故事

故事的第四章能幫助學生了解有時候,我們必須知道誰該為某一件事情負責任。例如:像車禍、違反法規或是科學新發現。我們想要知道誰該負責,是

因為可能需要懲罰做錯事的人或要求他賠償或修補所造成的損失;也有可能是因為要獎賞或表揚該為某件好事情負責任的人。

知道誰該負責任會引導我們日後的作為,例如:找出誰該為廁所裡的塗鴉負責任,就可以制定一些方法防止類似的事情再發生。<動物園管理員>的故事能幫助學生找出如何決定誰該為某件事負責的方法。

把故事第四章的內容大綱告訴學生,並解說各項指示。教師可以自己唸故事的內容給學生聽,也可以請學生輪流朗讀。

> 請大家讀到「動物管理員」故事本第31頁的討論重點。

請學生回答「學習手冊」第60頁的問題。以下是一些可能的回應。

這裡的討論可以幫助學生了解我們有時候要找出誰該負責任,是為了避免相同的事情再發生。

■ 誰該對獅子雷歐的逃脫負責?為什麼?

從故事中推論應該是新的動物管理員要為獅子雷歐的逃跑負責任。新的管理員還沒有學會如何把工作做好,故事中似乎表示新管理員沒有仔細確認動物們的安全性。馬丁也自認要負一些責

任，因為他對動物太友善，以致於獅子雷歐想要跑出來找他。馬丁認為需要有人和新的管理員一起工作，直到他熟悉自己的工作為止。

請學生說說看，為什麼我們需要知道誰該為獅子雷歐的逃脫負責呢？

> 請大家讀到「動物管理員」故事本第34頁的討論重點。

請學生回答「學習手冊」第61頁的問題。以下是一些可能的回應。

這裡的討論可以幫助學生了解，我們有時候要找出誰該為某個好事情負責任，是希望能表揚或獎賞那個人或哪些人。

■ 哪些人可能有貢獻？為什麼？

馬丁：他規劃寵愛動物區，讓小朋友可以和動物面對面接觸。馬丁對遊客也很好，是動物園有史以來最棒的導遊，讓遊客們覺得參觀動物園是非常愉快的經驗。

克萊小姐：因為她做的告示牌，讓動物園開始有了大轉變。如果同學們還記得前幾章的內容，克萊小姐也負責管理動物園的清潔，以及確保遊客與動物的安全。

霍伯先生：他開始進行募款計畫來修建動物園，和協助募款的孩子們合作，一起改善動物園。

孩子們：孩子們義賣貼紙和糖果來募款。

■ 誰應該得到獎勵？

讓學生自行決定誰該得到獎勵。學生可以選故事中的任何人，或是任何組合，也可以決定是屬於團體的努力，沒有誰的功勞勝過其他人的功勞。因此，學生可能會覺得應該獎勵全部與動物園有關的人。記得，最重要的是要鼓勵學生要有足夠的理由來支持所做的決定。

◢ 重要觀念 ◣
「學習手冊」P. 61～62

請學生讀這一段的內容，課文提供一組問題幫助我們決定誰該為某件事情負責任。這些問題在大多數的狀況下都可適用，不過，如果所得的資訊不足，有些問題可以略過。

課文中列出來的問題是以「決定誰該負責」思考工具表的內容為基礎，表格在本手冊的附錄中（P. 64）。

批判性思考

✎ 解決問題 ✎

「學習手冊」P. 62～63

　　這部分的練習要讓學生運用所學到的問題來分析一個假設的狀況。

　　發給學生一人一份「決定誰該負責」的思考工具表，表格在本手冊附錄三（p.64）。把學生分成兩人一組一起讀＜足球不見了！＞的故事，然後完成思考工具表。在開始進行活動前，請先帶大家複習活動指示和思考工具表上的各項問題。

　　學生完成表格後，請各組和全班分享答案，本手冊第57頁有常見的回應可供參考。

運用和技巧評估

✎ 展示學習成果 ✎

「學習手冊」P. 63

　　先帶大家讀這一部分的活動指示，把圖畫紙和蠟筆分給學生。學生完成後，請和全班分享各組的畫作。

延伸學習

✿ 課後活動 ✿

「學習手冊」P. 64

　　「學習手冊」第64頁建議的練習將學習延伸運用到課堂外,你可以請學生完成其中一項或多項活動,然後和全班分享成果。

思考工具表

決定誰該負責				
發生什麼事情？	當足球隊員在喝水時，一個不知名的男孩跑過來把足球拿走了。			
哪些人可能要負責？	艾瑪	莎拉	布魯斯	男孩
這個人是有意的嗎？	艾瑪忘記把球收起來。但是她不是故意要忘記。	莎拉注意到艾瑪沒有把球收起來，她自己也沒有去做。	對布魯斯不適用。	男孩故意把球拿走。
這個人在意所發生的事情嗎？	不在意。艾瑪應該要把球收起來，她卻跑去飲水機旁喝水。	不在意。莎拉注意到球還在那裡卻沒有任何動作，顯然她並不在意。	布魯斯在意，所以他跑去追那個男孩。	不在意。
這個人知道可能會發生什麼事嗎？	艾瑪應該要看著足球，艾瑪是隊長，她應該要知道。	如果預先知道結果的話，莎拉的做法可能會不一樣。	知道。如果他不去追那個男孩的話，足球可能再也拿不回來了。	知道。球隊的球被拿走。有人會因此而倒大楣。他的行為可能會涉及偷竊。
這個人本來應該怎麼做？	艾瑪有責任要把球收起來。	故事中似乎暗示莎拉有道德責任，因為她有注意到球的狀況。	布魯斯做他認為是正確的事。	他不應該任意拿走不屬於他的東西。
有其他的原因可以解釋這個人為什麼要這做？	艾瑪剛剛打完球，她很渴。（利益）	和其他的女孩一樣，她也很口渴。她想要和同伴在一起勝過把球收起來這件事。（利益）	布魯斯的價值觀有助於說明他的行為。	不尊重別人的財產。
你認為誰該對發生的事情負責？為什麼？				

Lesson ⑦

你怎麼決定?

課程概述

這堂課是一個全班參與的活動,讓大家練習用問題來分析某個狀況,決定該為其中的某件事情負責任。在<學校的海報比賽>故事中,學生必須決定誰應該得獎。

學生要分成小組分析每個人的貢獻來提名候選人,然後要在評審委員面前提議並為所支持的人選辯護。

課程目標

上完這一課後,學生應該能做到下列各事項:
■ 用一組問題來分析一個狀況,決定誰該為某件事情負責任。
■ 評估和決定誰該為學校發生的好事情負責,並為所持的立場辯護。

課前準備和所需教材

學習手冊「第七課:你怎麼決定」P. 65～70
影印及發給學生一人一份「決定誰該負責」思考工具表,表格在本手冊附錄三(p. 64)。

課程介紹

♫ 本課會學到的概念 ♫

「學習手冊」P. 65

向大家說明這一課中要練習運用前面學到「決定誰該負責」的技巧，課堂上學生要角色扮演一個假設的狀況。如果他們沒有演戲的經驗，請先說明角色扮演的目的，並建議該如何準備和呈現各個不同的角色。

請學生讀「學習手冊」第65頁「本課會學到的概念」，並討論這一堂課的「課程目標」。

♫ 參與班級活動 ♫

「學習手冊」P. 66～68

請先讀這個部分的介紹，再讀＜學校的海報比賽＞的故事。大家討論故事中的狀況和問題後，發給每人一份「決定誰該負責」思考工具表，表格在本手冊附錄中。

本手冊第61頁表格中的問題是以學生在第六課中學到的「如何決定誰該負責」為基礎，這些問題可以幫助他們分析並呈現各個角色，表格中的內容是學生可能提出的回應。

♫ 活動準備 ♫

「學習手冊」P. 68～69

和大家一起複習進行活動的各項指示，將全班分成五個小組，每組擔任一個角色：

第一組——負責選出優勝者
第二組——認為翠莎的貢獻最大
第三組——認為艾德的貢獻最大
第四組——認為傑米的貢獻最大
第五組——認為希歐的貢獻最大

和學生一起複習各個角色，給他們足夠的時間完成思考工具表，並準備在角色扮演時的台詞，鼓勵學生用寫在表格上的內容來表達。

♫ 進行活動 ♫

「學習手冊」P. 69～70

複習進行活動的各項指示，規定每一組報告的時間讓活動順利進行。給每一組大約3～4分鐘向評審委員提出報告、4～5分鐘回答評審委員的提問。教師可以選一位同學擔任計時員。

深入討論

⟡ 自由發揮 ⟡

「學習手冊」P. 70

　　「自由發揮」的目的是要更深入的討論，幫助學生評估各組提出來的不同決定，也能幫助學生回顧整個活動的過程。鼓勵學生自由表達是否同意各組決定並說明理由。

決定誰該負責			
發生什麼事情？	翠莎、艾德、傑米和希歐合作的海報贏得學校海報比賽的冠軍。		
有哪些人可能要負責？	翠莎	艾德	傑米	希歐
這個人是有意的嗎？	是的。 四位同學一起決定要參加海報比賽，每個人負責一部分。 每個人對海報的顏色都有提出建議。	是的。 四位同學一起決定要參加海報比賽，每個人負責一部分。 每個人對海報的顏色都有提出建議。	是的。 四位同學一起決定要參加海報比賽，每個人負責一部分。 每個人對海報的顏色都有提出建議。	是的。 四位同學一起決定要參加海報比賽，每個人負責一部分。 每個人對海報的顏色都有提出建議。
這個人在意所發生的事情嗎？	是的。 翠莎不會畫畫，所以請艾德來畫出她的想法，自己負責調色，並在海報完成後清理善後。	是的。 艾德先用鉛筆構圖，在最後完工之前都有機會更正錯誤。他也一起進行著色的工作。	是的。 傑米寫的字比其他的人漂亮，也願意把希歐的想法表現出來，也參與著色工作。	是的。 希歐決定海報上要寫什麼，並願意負責把海報交給校長。
這個人知道可能會發生什麼事嗎？	每個人都有影響海報結果的方式，他們知道如果照著他們的想法進行，就有可能贏得比賽。	每個人都有影響海報結果的方式，他們知道如果照著他們的想法進行，就有可能贏得比賽。	每個人都有影響海報結果的方式，他們知道如果照著他們的想法進行，就有可能贏得比賽。	每個人都有影響海報結果的方式，他們知道如果照著他們的想法進行，就有可能贏得比賽。
這個人本來應該怎麼做？	每位同學都依照計畫分工和執行團隊合作。	每位同學都依照計畫分工和執行團隊合作。	每位同學都依照計畫分工和執行團隊合作。	每位同學都依照計畫分工和執行團隊合作。
有其他的原因可以解釋這個人為什麼要這麼做？	這裡不適用。	這裡不適用。	這裡不適用。	這裡不適用。
你認為誰該對發生的事情負責？為什麼？	讓學生決定誰對這個海報得獎貢獻最大。 因為這是一個團隊的工作，每位參與的同學都竭盡心力的投入，都值得獎勵。			

利益和代價	
1.什麼責任？	
2.有什麼利益？	
3.有什麼代價？	
4. 這個人要承擔這份責任嗎？為什麼？	

選擇一項責任		
	責任1	責任2
1.什麼責任？		
每項責任各有哪些利益和代價？	利益	
	代價	
哪一項責任必須優先處理？		
這項責任比較重要嗎？		
這項責任必須花比較多的時間嗎？		
完成這項責任需要做到什麼？ ■ 知識 ■ 金錢 ■ 技能 ■ 時間 ■ 工具		
這項責任必須放棄什麼？這些事項重要嗎？		
這個人該怎麼決定？為什麼？		

決定誰該負責			
發生什麼事情？			
哪些人可能要負責？			
這個人是有意的嗎？			
這個人在意所發生的事情嗎？			
這個人知道可能會發生什麼事嗎？			
這個人本來應該怎麼做？			
有其他的原因可以解釋這個人為什麼要這做？			
你認為誰該對發生的事情負責？為什麼？			

民主基礎系列叢書

少年版（適用國內5〜9年級）

公民版（適用高中以上）

老師，你也可以這樣做！

當教育碰上法律

本書是國內第一本從法律與教育專業的角度來探討校園問題的專書，兼顧教育目的、法律理念與校園實務，嘗試化解校園中日益嚴重的緊張關係，並積極營造良好的學習環境，以培養現代法治社會的優良公民。這是關心台灣法治教育的你，絕不容錯過的一本好書。

 五南圖書出版股份有限公司

電話：（02）2705-5066
傳真：（02）2706-6100
地址：台北市大安區和平東路二段339號4樓

公民行動 的學習與開始

學生手冊

教師手冊

公民行動方案
Project Citizen I

學生手冊・定價120元
教師手冊・定價130元

民間公民與法治教育基金會／主編・**五南**／出版

　　這是一套從小即開始培養孩子關心週遭社區的問題、訓練溝通技巧、與擬訂行動計畫的公民參與能力，使其在多元化的社會，能針對公共議題審議，進而形成共識與分工，完成社會的改進的教材。學生透過課程的訓練培養成為會議領導者、意見統整者、議題建構者、計畫執行者等等。

　　教材中提出了幾個重要的步驟，讓有心學習公民行動技能者，或是想要培養社會科學研究能力者能有所依循：而決定行動方案的公共議題，可以是班級性、全校性、社區性、甚至全國性、全球性的問題。從行動實踐的角度來看，也可以先從自己的生活周遭來關懷起，如班級的整潔、秩序、霸凌、考試作弊，或如社區的污染、交通秩序、衛生、美化等。過程中，學生必須先研究所關心的公共議題，分析其成因和現況，掌握解決問題的職掌和相關資源所在；再來學生必須檢討出可行的改進策略，決定將採取何種策略。最後，將其所決定之策略，轉化成實際的計畫與行動。

五南圖書出版股份有限公司

電話：（02）2705-5066
傳真：（02）2706-6100
地址：台北市大安區和平東路二段339號4樓